André Pfeifer
Naterra
Traumkinder

André Pfeifer wurde 1968 in Weimar geboren und ist seiner Heimat treu geblieben. Auf zahlreichen monatelangen Reisen von Alaska bis Australien entdeckte er seine Liebe zu Natur und Abenteuer, die auch in seine Romane einfließt.
www.andre-pfeifer.de

André Pfeifer

Naterra

Traumkinder

Bibliografische Information der Deutschen Nationalbibliothek:
Die Deutsche Nationalbibliothek verzeichnet diese Publikation
in der Deutschen Nationalbibliografie; detaillierte bibliografische
Daten sind im Internet über www.dnb.de abrufbar.

© 2015 André Pfeifer
Umschlagbild:
Melkor3D/Shutterstock.com
Illustrationen:
S.10: Lukiyanowa Natalia/frenta/Shutterstock.com
S.12: Linda Bucklin/Shutterstock.com
S.22: Ellerslie/Shutterstock.com
S.30: Unholy Vault Designs/Shutterstock.com
S.34: Marc Little/Shutterstock.com
S.44: Melkor3D/Shutterstock.com
S.50: Unholy Vault Designs/Shutterstock.com

Herstellung und Verlag:
BoD – Books on Demand, Norderstedt

ISBN 978-3-7347-5146-2

Dieses Buch ist meiner Großmutter
Edith Weise (1923 – 2013) gewidmet.

Es waren ihre Gedichte,
die mich auf diesen Weg führten.

Liebe Vorleser,

bei Gedichten kommt es auf die richtige Betonung einzelner Wörter an. Bitte lest die Verse zuerst im Stillen, um ein Gefühl für den Textfluss zu bekommen.

Inhalt

Traumkinder	9
Atlantis	13
Zauberwinter	23
Elfenland	31
Drachenschatz	45
Schlusswort	62

„Der Traum ist der beste Beweis dafür, dass wir nicht so fest in unsere Haut eingeschlossen sind, wie es scheint."

Friedrich Hebbel

Traumkinder

Wie ist das, wenn wir träumen?
Ob wir im Schlaf etwas versäumen?
Zwar braucht der Körper seine Ruh
und wir schließen die Augen zu,
doch unser Geist will was erleben,
will nicht des Nachts am Körper kleben.

So bereist er andere Welten.
Die sind gar nicht mal so selten.
Sie sind wie unsere Erde hier
und doch ganz anders, dass auch wir
anders sind, mutig und weise
auf jeder nachts geträumten Reise.

Verborgen sind die Welten
in Nebel und Magie.
Erreichen können wir sie nur
in Traum und Fantasie.
Doch wenn wir früh erwachen
und es ist nichts gewesen,
genügt es, für ein Abenteuer
im rechten Buch zu lesen.
Denn auch Bücher
öffnen die geheimen Türen,
die zu diesen Welten führen …

Atlantis

„Wo bin ich?",
fragt ein Junge sich.
Um ihn herum ist blaues Licht,
das sich an Felsgebilden bricht,
aus denen Planzen sich erheben
und über denen Fische schweben.

Da schaudert es den Jungen.
Ist Wasser gar in seinen Lungen?
Ist er auf dem Grund vom Meer?
Denn Fische schwimmen zu ihm her
und führen ihn zu einer Stadt,
die Häuser, Türme, Menschen hat.

Wie sollen hier unten Menschen leben?
Doch der Junge sieht sie sich bewegen.
Ein Bäcker backt ein Brot aus Algen.
Frauen lachen beim Wäsche walken.
Ein Maurer baut an Nachbars Haus.
Ein Straßenkehrer ruht sich aus.

Eine Amme sieht mit Interesse
Spinnen zwischen Brunnenkresse,
Ein Bauer mäht die Seegraswiesen,
doch nicht, wo bunte Blumen sprießen.
Einen Blumenstrauß in jeder Hand,
kommt ein Mädchen angerannt.
Und viele farbenfrohe Blüten
schenken den Menschen etwas Frieden.

Der Junge traut seinen Augen kaum.
„Bin ich vielleicht in einem Traum?
Diese Stadt gehört nicht hierher.
Aber wer versenkte sie im Meer?"
Die Menschen können ihm nichts sagen,
sie haben stumm ihre Last zu tragen.
Doch sie führen ihn zum Ratspalast,
wo Worte stehen, in Stein gefasst.

„Ihr hattet mehr, als ihr benötigt,
doch nichts hat eure Gier befriedigt.
Ihr konntet Freunde sein für alle Zeit,
doch lagt in Zank und Streit und Neid.
Weil jeder nach dem andren gaffte
und ihm nicht gönnte, was er schaffte.

Habt euch entfernt von Blüten, Bäumen,
Tieren, Blumen, Lebensträumen.
So schickte ich Fluten,
euer Reich zu versenken,
um euch Zeit zu geben, nachzudenken."
Betreten schaut ein jeder nach unten,
um seine Reue zu bekunden.

Der Junge hat genug vernommen,
zur Oberfläche muss er kommen,
um den zu finden, dem es gegeben,
die Stadt wieder aus dem Meer zu heben.

Ermüdet schleppt er sich an Land
und wird gefunden auf sandigem Strand
von einer wunderschönen Frau
mit goldenem Haar und Augen blau
und Flügeln wie aus Morgentau
und einer Stimme hell und klar
und einer Geste ihrer Hand:
„Sei willkommen in meinem Land."

So wandert der Junge Täler und Höhen,
um die Wunder der Natur zu sehen:
Wiesen voller Blütenzauber,
Bächlein, klar und rein und sauber,
Bäume, kleine noch, und große,
am Boden Flechten, Gräser, Moose.

Libellen in der Sonnenwärme,
Schmetterlinge, Bienenschwärme.
Vögel in der Bäume Kronen,
wo Eichhörnchen im Kobel wohnen.
Mäuse, Schlangen, Reh und Fuchs,
Hase, Bär und Wolf und Luchs.

Aber plötzlich bleibt der Junge stehen,
denn eines hat er nicht gesehen:
Menschen, die mit strahlendem Blick
sich erfreuen an dem Glück.
Er denkt an die Stadt auf dem Grund der See
und eilt zum Strand und sucht die Fee.

„Dein Land ist wirklich wunderschön,
doch will ich's nicht allein anseh'n.
Es fehlen Menschen, die mit ihrem Lachen
diese Welt noch schöner machen,
die mit Tanzen und mit Singen
Freude in die Wälder bringen.
Erlöse doch das Volk im Meer.
Ich war dort unten, glaube mir.
In den letzten tausend Jahren
haben die Menschen Vernunft erfahren."

Die Fee schaut dem Jungen in die Augen
für eine sehr, sehr lange Zeit.
Und sie spürt, sie kann ihm glauben
und so macht sie sich bereit.
Strahlend schwebt sie über'm Wald,
ihr Blick in weiter Ferne.
Auf dem Ozean glitzern bald
abertausend Sterne.

Zauberworte formt ihr Mund
und ihre Augen sprühen Funken.
„Erhebe sich vom Meeresgrund,
was einst in Fluten ist versunken."
Es bebt das Land, es kocht die See,
der Junge sieht's mit Freude.
Türme wachsen aus dem Meer,
und Bäume und Gebäude.

Das Wasser fließt in breiten Seen
aus Straßen und aus Gassen.
Die Menschen, die den Himmel seh'n,
können es kaum fassen.
Und erlöst von jahrelangem Bann
sehen sie die Welt nun anders an,
als Freund vielleicht und mit Respekt,
den ihre Strafe hat geweckt.

Da vernimmt der Junge in seinem Staunen
die Stimme der Fee als leises Raunen.
„Die Welt braucht nichts von all den Dingen,
die wir Menschen bauen und vollbringen.
Sie selbst ist Feuer, Wasser, Erde, Luft,
schenkt Frieden, Nahrung, Blütenduft,
lässt werden, wachsen und gedeihen
und wird uns Menschen auch verzeihen.
Die Welt will, dass wir glücklich sind,
denn sie liebt uns wie eine Mutter ihr Kind.
Aber ein Wunsch doch ist ihr geblieben:
Dass wir sie auch ein bisschen lieben."

Zauberwinter

Ein Mädchen erwacht unter einem Baum.
Es denkt: „Bin ich in einem Traum?"
Es kann die Tiere reden hören.
Ein Hase spricht von dicken Möhren.
Von Trüffeln schwärmt ein wildes Schwein.
Ein Reh erzählt von Knospen fein.
Ein Eichhörnchen von Haselnüssen,
die es hat verstecken müssen,
denn der Winter kommt alsbald
und dann wird es nass und kalt.

Das Mädchen läuft, bis es ein Dorf entdeckt,
das sich vom Wald zu Tale streckt.
Auf einem Hügel sieht es Kinder stehen,
die erwartungsvoll zum Himmel sehen.
Doch seit Jahren fehlen zur Winterzeit
Frost und Schneefall weit und breit.
Als Ersatz hingegen
gibt es Wind und Regen.

Das Mädchen geht zu den Kindern hin.
„Was betrübt denn euch den Sinn?"
„Es gibt keinen Schnee seit vielen Jahren,
zum Spielen und zum Schlitten fahren.
Wir bauen Schneemänner so gerne
und lieben Schneeflocken und −sterne,
Schneeballschlacht und Schlittschuh laufen
und auch einmal im Schnee zu raufen."

„Der Zauberer aus des Königs Stadt,
der einst den Schnee gerufen hat,
war seit Jahren nicht mehr hier,
sah weder uns, noch Wald, noch Tier.
Es heißt, er hätt' zu viel zu tun,
als auf dem Land sich auszuruh'n."
Schon beginnt das Mädchen aufzubrechen.
„Ich werde mit dem Zauberer sprechen."

Es begegnet ihm im Stadtpalast.
Der Zauberer in Eil und Hast
ist zu gar nichts mehr bereit,
Schneemachen wär' der letzte Zeitvertreib.
„Was hat der Schnee für einen Sinn?"
Der Zauberer sieht zum Mädchen hin.
„Kann man ihn verkaufen oder essen,
oder gar zu Golde pressen?"

Das Mädchen schaut den Zauberer an,
die Halle, in der sie stehen, dann.
Und drum herum ist diese Stadt,
die viel zu viele Mauern hat.
Da nickt das Mädchen und versteht,
was im Zauberer vor sich geht.

Er ist zu weit entfernt von Bäumen,
von Bächen, Tieren, Blütenträumen.
Sein Geist ist gefangen in einer Stadt,
die schon viele Menschen verändert hat.
„Nach Gold steht, Zauberer, dir der Sinn?
Dann folge mir, ich führ dich hin!"

Der Zauberer will vom Reichtum mehr
und läuft dem Mädchen hinterher.
Das Mädchen strebt den Bergen zu,
die im Himmel sich verlieren.
Es kehrt dem Wald den Rücken zu,
und auch all seinen Tieren.

Durch Schnee und Gletschereis nach oben,
wo die kalten Stürme toben,
wo der Wind des Zauberers Geist befreit
von allen seinen Zwängen,
wo ihn Habsucht, Gier und Neid
nicht länger mehr bedrängen.

Er atmet tief die frische Luft
und geht die letzten Schritte
zu der Berge höchstem Punkt,
zu des Gebirges Mitte.
Der Zauberer staunt. „Wie ist das schön,
die ganze Welt von hier zu seh'n."
Sein Blick streift manchen fernen Ort,
und er vernimmt des Mädchens Wort.

„Hörst du, was der Wind dir spricht?
Die Welt braucht euren Reichtum nicht.
Das Gold der Welt ist die Natur,
versteckt in jedem Baume.
Und von uns Menschen will sie nur
Freude, Glück und gute Laune.
Wenn Schnee die Kinder glücklich macht,
dann lass es wieder schneien,
so dass ein jedes tanzt und lacht
und sie vor Freude schreien."

Der Zauberer besinnt sich dann
des Zauberspruch's, des alten,
und Wolken brauen sich zusamm'n,
die Luft wird bald erkalten.
Schneeflocken tanzen übers Land,
der Frost friert jede Pfütze.
Der Kinder Freude dringt sodann
bis zu des Berges Spitze,
wo Zauberer und Mädchen stehen
und froh die weiße Welt besehen.

Elfenland

Wolken ziehen übers Land
und es weht eine leichte Brise.
Ein Junge findet sich am Rand
der allerschönsten Blumenwiese.
Jede Blüte sieht bezaubernd aus,
so pflückt er einen Blumenstrauß.

Am Wiesenrand, an einem großen Baum,
sitzt ein Mädchen und bewegt sich kaum.
Den Kopf auf angezogenen Beinen
hört es nicht mehr auf zu weinen.
Bis es den Blumenstrauß entdeckt,
den der Junge ihm entgegenstreckt.

„Ich kenn' dich nicht, wo bist du her?"
Doch dem Jungen fällt die Antwort schwer.
„Weiß weder woher, noch wohin,
und hab' keine Ahnung, wer ich bin.
Vielleicht bin ich hier, um dir zu helfen …"
„Dann führe mich ins Land der Elfen!"
Das Mädchen geht aus sich heraus
und ergreift den Blumenstrauß.

„Ein Elfenmädchen
hat meinen Freund entführt.
Mit denselben Blumen
hat sie ihn berührt.
Dann gingen sie gemeinsam fort
zu einem weit entfernten Ort.
Du bist gekommen, so muss es sein,
mir zu helfen, ihn zu befreien!"

Schon hat sie seine Hand genommen,
der Junge soll wohl mit ihr kommen.
Über Wiesen und durch lichten Wald
erreichen sie den Ozean bald.
„Es gibt eine Insel, mitten im Meer.
Sie zu finden ist unsagbar schwer.
Denn sie ist verborgen durch Magie
und kein Mensch, je, erreichte sie.
Doch ich möchte Finn zurückbekommen,
auch wenn mir dabei das Leben genommen."

So segeln in einem kleinen Boot,
der Junge und Sara in den sicheren Tod.
Das haben die Fischer vorhergesagt,
denn nie hat sich jemand so weit gewagt.
Aber der Junge sieht in Saras Augen,
dass sie das Elfenland finden,
wenn sie daran glauben.

Und einer macht dem anderen Mut
und beide segeln durch die Flut,
durch meterhohe Wellen,
die sie auf die Probe stellen,
um endlich den Nebel zu entdecken,
aus dem sich Bäume zu den Wolken strecken,
an deren Wurzeln Boote sind gebunden,
von denen man glaubte,
sie wären verschwunden.

Der Junge zeigt nach oben.
„Lass uns den Stämmen folgen,
ich glaube, dieses Elfenland
liegt oben in den Wolken."
Ungläubig folgt Sara seinem Blick,
aber sie möchte ihren Freund zurück.

So klettern sie an Bäumen,
die sich beinah berühren,
grobe Rindentreppen,
die in die Höhe führen,
bis in das Flechtwerk
der Bäume Kronen,
wo in ihrem Zauberreich
die Elfenvölker wohnen.

Einhörner grasen auf grünen Wiesen.
Waldgeister lassen Blumen sprießen.
Wichtel, die hinter Bäumen stecken,
betrachten Schmetterlinge, Käfer, Schnecken.
Kleine Feen tanzen in der Luft.
Bezaubernd ist der fremde Duft
und die Farbenpracht der Blüten
und der ungetrübte Frieden,
der über diesem Walde liegt.
Bis ein Pfeil blitzschnell vorüber fliegt.

Sara bleibt erschrocken stehen.
Da hat der Junge den nächsten gesehen.
Sein Blick folgt des Pfeiles Zischen
und so kann er ihn erwischen.
Er hält ihn hoch in einer Hand.
„Wir wissen: Es ist euer Land.
Wir wollen euch nicht stören.
Doch bevor ihr uns verbannt,
sollt unser Anliegen ihr hören."

Vier Elfen lösen sich
aus dem Waldesgrün.
Niemals hat ein freier Mensch
sie so nah geseh'n.
Sie lassen ihre Bögen sinken,
drei Männer, eine Frau,
dann mustern sie die Erdenkinder
mit Blicken ganz genau.

Nun schaut der Junge Sara an,
sie spricht mit fester Stimme dann.
„Ein Elfenmädchen
hat mit Blumen gewunken.
Ein Junge war
in ihren Anblick versunken.
Ich sah noch, wie er mit ihr ging,
er war mein Freund, sein Name ist Finn."

„Ich kann keinen Kampf mit euch bestehen,
aber ich werde ohne ihn nicht gehen.
Ich habe ihn lieber als mein Leben.
Wollt ihr Finn die Freiheit geben?"
„Das können nicht wir entscheiden,
aber wir führen euch zu ihm, ihr beiden."

Der Junge spürt schon Saras Freude,
das Glück in ihrem Herzen.
Ihr allerschönster Tag ist heute,
nach tiefsten Seelenschmerzen.
Doch als Sara Finn erblickt,
wird im Keim ihr Glück erstickt.

Ein Elfenmädchen an der Hand,
kommt Finn auf sie zu.
„Hallo ihr beiden, das ist Chandranu. –
Sara, sieh dies' schöne Land,
das ich hier bei den Elfen fand.
Um Chandranu zu folgen
stieg ich über die Wolken.
Der Bäume Wasser kommt aus dem Meer.
Hier kam noch nie der Regen her.
Es scheint die Sonne jeden Tag.
Ein sorglos Leben, wie ich es mag."

Chandranu mit heller Miene
strahlt Finn an, als ob die Sonne schiene.
Finn erwidert ihren Blick,
es scheint, er fand mit ihr sein Glück.

Saras Atem setzt plötzlich aus.
Kein einzig Wort bringt sie heraus.
Verschleiert von Tränen ist ihr Blick.
Mit weichen Knien tritt sie zurück.
Der Junge, der mit Sara kam,
nimmt diese tröstend in den Arm.
Sie schluchzt und weint und will schnell fort,
doch sie vernimmt des Jungen Wort.
„Sara, warte. Lauf nicht weg.
Wie tief ist deine Liebe?
Wie wäre es, Finn zu verzeihen,
dass ihm die Rückkehr zu dir bliebe."

Fassungslos starrt sie ihn an.
„Du verlangst, was niemand kann!"
„Niemand, der es nicht probiert.
Was hat dich ins Elfenland geführt?
Dein Glaube war's, an eure Liebe,
du solltest Finn vergeben.
Denn das Schicksal geht niemals
auf den geraden Wegen."

Nach einer Weile blickt Sara Finn an
und spürt, was sie ihm sagen kann.
„Ich hab' dich lieb, glaub' meinen Worten,
auch an den nicht so schönen Orten.
Mit dir will ich durchs Leben gehen,
durch Licht und durch die Dunkelheit.
Denn wenn wir nicht nur Sterne sehen,
vereint uns das für alle Zeit.
Du weißt, wo ich zu Hause bin.
Und du kennst den Weg dorthin."

Bewegt blickt Finn hinter Sara her,
als sie hinunter klettert bis zum Meer.
Sie segelt mit dem Jungen
der Heimat entgegen,
um auf der Blumenwiese
sich niederzulegen.

Auf der Wiese, auf der alles begann,
schaut der Junge sie noch einmal an.
„Sara, ich muss bald wieder fort,
erlaube mir ein letztes Wort.
Wenn Finn nicht kommt,
weil er dort glücklich ist,
sieh, dass du ihm nicht böse bist.
Wenn Feigheit oder Stolz
ihm den Weg zu dir verwehrt,
ist er nicht einen Tag deiner Trauer wert.

Doch wenn am Horizont
sein Segelboot erscheint,
und euer beider Mut
am Strande euch vereint,
und ihr euch in den Armen liegt
und jeder sein Versprechen gibt
und wahre Liebe euch verbindet,
dann gibt es nichts, das ihr nicht überwindet."

Drachenschatz

Viele Freunde hat er nicht,
weil er ein stiller Junge ist.
Sein Zimmer ist kalt,
seine Kleider sind alt
und seine Schuhe abgenutzt,
aber jeden Tag geputzt.
Seine Eltern arbeiten viel
für ein weit entferntes Ziel:
Zum Fischen im Meer ein eigenes Boot,
damit ein Ende hätte die Not.

So ist er oft allein am Strand,
läuft barfuß über Ufersand
oder spielt unter den großen Bäumen,
die das Meeresufer säumen.

Plötzlich sieht er ein Stück Leinen
zwischen Meereswellen scheinen.
Er schwimmt hinaus
und kehrt zurück an Land
mit dem Stück Stoff in seiner Hand.
Was ist dort draußen wohl passiert?
Das Leinenstück ist blutbeschmiert.
Doch zeichnen sich, genau besehen,
rote Wörter ab,
die neben roten Bildern stehen.
Und ganz oben auf der Seite
steht „Schatzkarte" in voller Breite.

Die Bilder zeigen einen Fluss,
dem man vermutlich folgen muss.
Zwischen Bergen und des Flusses Quelle
sind eine Burg und ein Kreuz
an derselben Stelle.
Der Fluss schlängelt hin und her
und mündet an einer Bucht ins Meer.

Da beginnt des Jungen Herz zu springen,
vor Freude könnte er laut singen.
Er kennt die Bucht, er kennt den Fluss,
er weiß schon, wo er starten muss,
um die ferne Burg zu finden
und den Schatz an sich zu binden.

Er rennt nach Haus', packt Essen ein,
eine Decke und zwei Seile.
Ein Zettel landet auf dem Tisch,
drauf steht in einer Zeile:
„Liebe Eltern, ich bin bald zurück,
macht euch keine Sorgen.
Ich kann uns mit ein bisschen Glück
einen Schatz besorgen."

Der Weg zur Burg ist ziemlich schwer,
denn in den Bergen ist er steiler als am Meer.
So klettert der Junge, wandert und schwitzt,
und abends, als er am Feuer sitzt,
ist er zu müde für sein Essen
und hat auch den Schatz beinahe vergessen.
Eingehüllt in seine Decke
liegt er unter alten Bäumen.
Von einem Mädchen
beginnt er dann des Nachts zu träumen.

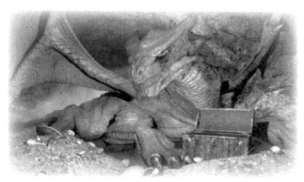

Es ist in einer Burg gefangen,
am Rande einer tiefen Schlucht.
Zwar kann er zu ihm gelangen,
doch aussichtslos scheint jede Flucht.
„Mich zu befreien kostet viel Kraft.
Niemand hat es je geschafft."
Verzweifelt blickt ihn das Mädchen an.
„Du müsstest tun, was niemand kann,
du müsstest …" Doch schon schwindet
des Mädchens Stimme,
und der Junge erwacht
und erforscht seine Sinne.
Er ordnet Traum und Wirklichkeit
und spürt: Der Weg ist nicht mehr weit.

Er wandert und klettert
und schaut nicht zurück
und tritt aus dem Wald,
da gefriert sein Blick.
Er steht am Rand eines Abgrunds
in dünner Luft
und eine riesige Burg
thront gegenüber der Kluft.
Er kennt den Ort und glaubt es kaum,
es ist die Burg aus seinem Traum.
Ist auch das Mädchen Wirklichkeit?
Bekommt er den Schatz, wenn er es befreit?

Über die Schlucht
führt eine steinerne Brücke,
doch in deren Mitte klafft eine Lücke.
Da hilft nur ein beherzter Sprung.
Er tritt zurück, rennt los, nimmt Schwung,
reißt die Arme nach oben
und stößt sich kräftig ab vom Boden.
Bei der Landung tritt er Steine lose,
die in die Tiefe sausen mit Getose,
bekommt eines Quaders Rand zu fassen,
um ihn gleich wieder loszulassen,
denn er bewegt sich unter seiner Last,
so dass er schnell noch weiter fasst.
Steine stürzen im Staub nach unten,
dann hat er baumelnd Halt gefunden.
Er zieht sich mit seiner letzten Kraft
über die Kante und hat es geschafft.

Der Junge taumelt zum haushohen Tor
und steht erschöpft und fragend davor.
Um das Tor zu öffnen ist er zu klein.
Wem gehört diese Burg?
Wie kommt er hinein?

Plötzlich, mit metallischem Klingen,
schwingen die Torflügel
von selbst nach innen.
Er betritt einen riesigen Raum aus Licht.
Die Helligkeit nimmt ihm die Sicht.
Es scheint, dass mitten in dem Saale
die goldene Morgensonne strahle.
Noch einen Moment ist der Junge geblendet,
dann sieht er, dass ein Schatz
die Strahlen sendet.

Perlen, Silber und Geschmeide,
Kronen und die schönste Seide,
goldene Schilde und ein Schwert,
mit Diamanten am Griff bewehrt.
Prachtvolle Ketten, Ringe, Pokale –
auf einmal regt sich etwas im Saale.
Der Schatz beginnt, sich zu bewegen.
Der Junge sieht ihn sich erheben.
Mitten im Gold erscheint ein Ungeheuer
und plötzlich ist die Luft voll Feuer.
Schnell wirft sich der Junge nieder,
der Schreck fährt ihm in alle Glieder.

Der Drache, groß wie ein Fischerhaus,
sieht wahrlich furchterregend aus.
Rücken und Schwanz
sind mit Dornen bedeckt,
das Maul ist geöffnet, die Zähne gebleckt.
Auf dem Boden scharren riesige Klauen,
der Junge zwingt sich, nicht weg zu schauen.
Zitternd beginnt er aufzustehen,
dann kann er die goldenen Ketten sehen,
die zu des Drachen Halsband gehören
und ihm den Weg in die Freiheit verwehren.
Denn an den Wänden und an der Decke
ist verankert eine jede Kette.
Der Drache ist gefangen
bis ans Ende seiner Zeit.
Der Junge ist erschüttert
von so viel Grausamkeit.

Ein Gedanke wird dem Jungen geschickt,
als er das goldene Schwert erblickt.
Er sieht den Drachen freundlich an,
zeigt seine Leinenkarte dann.
„Diese Karte führte mich her.
Meine Suche begann unten am Meer.
Doch letzte Nacht unter einem Baum,
sah ich ein Mädchen in meinem Traum.
Es soll in dieser Burg gefangen sein
und ich möchte es gern befrei'n.
Wenn ich dich erlöse von diesen Ketten,
würdest du mir helfen,
das Mädchen zu retten?"

Sprechen kann der Drache nicht,
aber er neigt den Kopf in Zuversicht.
Der Junge ergreift das kostbare Schwert.
Dies Schwert allein war die Suche wert.
Und er führt es mit beiden Händen,
um dem Drachen die Freiheit zu schenken.

Er holt aus überm Kopf, wieder und wieder,
und zerschlägt der Ketten goldene Glieder.
Aber plötzlich hält der Junge inne,
denn er bemerkt das wirklich Schlimme:
Nebel hüllt den Drachen ein,
doch das ist es nicht allein.
Ein Teil des Schatzes ist verschwunden,
er war doch noch hier,
vor ein paar Sekunden!

Fragend steht der Junge da,
dann ahnt er, was mit dem Gold geschah.
Bei jedem Hieb mit seinem Säbel
löst sich ein Teil des Schatzes auf in Nebel.
Ohne es weiter zu probieren,
weiß er, wozu die nächsten Hiebe führen.
Der gesamte Schatz verschwindet,
falls der Drache seine Freiheit findet.

Traurig steht der Junge da.
Er hat den Schatz zum Greifen nah.
Aber Freiheit ist viel mehr noch wert
und so hebt er erneut das Schwert
und zerschlägt die letzten Kettenreihen,
um den Drachen zu befreien.

Der Junge steht in dichtem Nebel.
Er spürt nicht mehr in seiner Hand den Säbel.
Verschwunden sind Schatz und Kettenglieder,
langsam lichtet der Dunst sich wieder.
Aber kein Drache ist im Raum zu sehen,
stattdessen ein Mädchen, wunderschön.

Der Junge sieht des Mädchens Leinenhemd,
aus dem ein Stück herausgetrennt.
„Du hast die Karte mir gesandt,
die ich im tiefen Ozean fand."
„Ja!
Und du wurdest nicht vom Gold geblendet,
das den Menschen meist viel Unheil sendet.
Weil du den Schatz nicht angenommen,
hab ich mein Leben zurückbekommen.
Ich war reich und gefangen dabei.
Nun bin ich arm, aber frei!"

Herzlich drückt das Mädchen den Jungen.
„Dir ist endlich das Wunder gelungen!
Du hast mich von meinem Fluch befreit.
Ich werd' deine Freundin sein, für alle Zeit."
Dann blickt das Mädchen traurig drein.
„Dieses Schloss war einst mein Heim.
Nun sind außer dir und mir
keine Menschen weiter hier."

Der Junge blickt das Mädchen an.
„Komm mit zu meinen Eltern dann.
Ein wenig dort gehört auch mir
und das teil' ich gern mit dir."

Das Mädchen tanzt und lacht und singt,
als der Junge sein Seil anbringt.
Sie hangeln die Schlucht hinab zum Fluss,
der zum Meere führen muss,
schwimmen und rutschen mit Wasserfällen,
lassen sich treiben von den Wellen,
springen in der Strudel tiefe Becken,
um endlich den Ozean zu entdecken.

Zurück am Meer stehen sie am Strand,
an dem der Junge die Karte fand.
Hier ging er los, um reich zu werden,
stattdessen fand er das Schönste auf Erden:
Freundschaft, die alles überwinden kann.
Und beide Kinder strahlen sich an.

Schlusswort

Liebe Leser,

ich habe die Gedichte geschrieben, aber dass dieses schöne Buch daraus entstand, ist vielen Menschen zu verdanken.
Dank an meine Kinder Maximilian und Nicole. Ihr seid immer meine Inspiration.
Und ein riesen Dankeschön an alle Freunde für Probelesen, Hinweise und Kritik.
Das Wichtigste an einem Buch aber ist, dass es gelesen wird. Und wenn ich weiterhin fernab der Vorstellungen und Schubladen großer Verlage gesellschaftskritisch und naturverbunden schreiben möchte, ist es entscheidend, dass meine Bücher

von Euch, die Ihr sie gelesen habt, denen empfohlen werden, die sie nicht kennen. Bitte bewertet die Bücher im Internet oder sendet einen Link an Freunde und Bekannte. Kritik und Hinweise bitte per Mail direkt an mich.
Vielen Dank im Voraus!

Herzlichst

André Pfeifer

P.S.: Alle Bücher und Informationen findet Ihr stets unter www.andre-pfeifer.de.